Ich kenne einen Kugelfisch ...

FINGERSPIELE ZUR SPRACHFÖRDERUNG IN DER KRIPPE

Tina Weiler

Verlag an der Ruhr

IMPRESSUM

Titel
Ich kenne einen Kugelfisch ...
Fingerspiele zur Sprachförderung in der Krippe

Autorin
Tina Weiler

Titelbildmotiv
Carsten F. Lehmann

Fotos
Carsten F. Lehmann

Innengestaltung
Markus Schmitz, Altenberge

Verlag an der Ruhr
Mülheim an der Ruhr
www.verlagruhr.de

Geeignet für die Altersstufen 1–4

Unser Beitrag zum Umweltschutz
Wir sind seit 2008 ein ÖKOPROFIT®-Betrieb und setzen uns damit aktiv für den Umweltschutz ein. Das ÖKOPROFIT®-Projekt unterstützt Betriebe dabei, die Umwelt durch nachhaltiges Wirtschaften zu entlasten.
Unsere Produkte sind grundsätzlich auf chlorfrei gebleichtes und nach Umweltschutzstandards zertifiziertes Papier gedruckt.

ISBN 978-3-8346-0852-9

Printed in Germany

INHALT

Ein paar Worte vorab ... 4

Verse Sprechen ..., Finger spielen ... 9

Ich kenne einen Kugelfisch 10
Oooo und iiii 12
Zehn zuckersüße Zappelfinger 14
Ein kleiner Wurm 16
Der Fausthandschuh 18
Pallepalle 20
Ich bin Herr Mops 22
Schieb den Kuchen 24
Scht, scht 26
Das kleine Krokodil 28
Am Tisch 30
Die Wurst 32
Ein Sonnentag 34
Guckuck! 36
Kleine, dünne Ringelnatter 38
Zwei Häschen 40
Dreh dich, dreh dich 42
Onkel und Tante 44
Ich erzähle Quatsch! 46
Herr Langnase 48
Fünf kleine Flatterfinger 50
Rum, bum, bum 52
Eine kleine Tippelmaus 54
Auf der Wiese steht 'ne Kuh 56
Alle zusammen 58
Ein Igelchen 60
Ich schenk' dir ein Goldstück 62
Eine Miez 64
Hinkelchen und Henkelchen 66
Scherlein, Scherlein 68

Nach Schwerpunkten auswählen ... 70

Ein paar Worte vorab …

Liebe Leserinnen, liebe Leser,

ein Fingerspiel oder Handspiel ist eine feine Sache. Es ist eigentlich in jeder Situation einsetzbar, man benötigt sehr wenig Platz, und nur wenn man möchte, kann man auf Requisiten zurückgreifen. Eine kleine Handlung wird in einer Weise vorgeführt, welche ein angenehmes, positives Gefühl der Zweisamkeit vermittelt. Ein „Puppentheater" der kleinen Form – spannend, geheimnisvoll, lustig und immer sehr persönlich.

Unsere **Hände** verraten viel über das Wesen eines Menschen. Schon für die Allerkleinsten sind die Hände mit den zehn Fingern spannend und interessant. Nur kurze Zeit später werden die Hände zum horizonterweiternden Mittel. Kinder „begreifen" die Welt, und noch vor der Sprache beginnt der Einsatz der Hände als **Kommunikationsmittel** – beim Zeigen, beim Winken, beim Bitten … Die Hände kann man sehen, man kann sie fühlen, man kann sie hören (klatschen, patschen, schnippen, aneinanderreiben …), und gerade bei Kindern müssen die Hände auch einen unwiderstehlich guten Geschmack besitzen. Die Hände sind also maßgeblich am **Zusammenspiel von sensorischen und motorischen Fähigkeiten** eines Menschen beteiligt.

Beim Thema **Feinmotorik** werden die Hände zur „handelnden" Figur. Diesem wichtigen Teil der pädagogischen Erziehung von Kindern wird leider immer noch zu wenig Beachtung geschenkt. Wird die feinmotorische Arbeit im Vorschulalter unterschätzt, kann es dazu kommen, dass wir feinmotorische Beeinträchtigungen übersehen, welche erst in der Schule beim Schreibenlernen (Grafomotorik) oder bei anderen Schulübungen Auswirkungen haben.

Ein paar Worte vorab ...

Doch nicht nur das Spiel der Hände fällt in den Bereich der Feinmotorik, auch **Mimik und Mundmotorik** gehören dazu. Die Hirnareale von Hand- und Mundmotorik liegen sehr nah beieinander. So verwundert es nicht, wenn die Entwicklung der einen Kompetenz die andere Kompetenz stark beeinflusst. Ist die Handmotorik eingeschränkt, kann es zu Problemen der Mundmotorik und damit zu Sprach- und Sprechproblemen kommen.

Ein **Fingerspiel vereint nun beide Faktoren** miteinander: Wir arbeiten mit unseren Händen in kleinen, mehr oder weniger schweren choreografischen Etüden, und wir sprechen bzw. hören den Vers zum Spiel. Im Hinblick auf ein Fingerspiel erlangt der Begriff „Handlesen" noch eine weitere Bedeutung: Auch wenn ich den Vers eines Spiels inhaltlich (noch) nicht ganz verstehe, macht das Beobachten der **Fingerbewegungen zum Klang und Rhythmus der Stimme** Freude. Über diese Beobachtungen können Kinder den Sinn der **Worte leichter entschlüsseln**.

Kinder nehmen **Sprache** also intensiv **visuell** wahr. So können sie Mundformen und bestimmte Begriffe viel besser erlernen. Um beide Möglichkeiten des Spracherlernens, also das **Sprache-Hören** und **Sprache-Sehen**, effektiv nutzen zu können, sollten Sie beim gemeinsamen Fingerspielen für das Kind gut sichtbar sein (am besten in Augenhöhe), deutlich sprechen und sich Zeit nehmen, damit das Kind Gehörtes und Gesehenes miteinander verknüpfen kann.

Apropos Zeit: Nehmen Sie sich die Zeit, um sich in viele Fingerspiele einzuarbeiten. Ein Kind verbindet mit der einen Versgeschichte mehr als mit der anderen. Der Anreiz, mit bestimmtem Sprachmaterial umzugehen, ist nicht bei jedem Vers gleich. Doch prinzi-

Ein paar Worte vorab …

piell gilt die Formel: verschiedene Spielangebote = größerer Wortschatz.

In diesem Buch finden Sie **30 Finger- und Handspiele**, welche das Ziel haben, die Feinmotorik zu schulen und die Sprachentwicklung zu fördern. Spaß machen sie allemal – Hand drauf!

Jedes Spiel fokussiert besondere Sprachförderaspekte. Die folgenden **Förderschwerpunkte** sind in diesem Zusammenhang wichtig:

Artikulation: Das betrifft zum einen die Artikulation von Vokalen. Zum anderen betrifft es die konsonantischen Artikulationszonen. Die Artikulation der Laute *f, w, p, b* findet im Bereich der Lippen bzw. Zähne statt. Mit der Vorderzunge bzw. am Gaumen bildet man die Laute *z, s, ch* wie in *ich, sch, j, t, d, n, l*. Mit der Hinterzunge bzw. am weichen Gaumen bildet man die Laute *ch* wie in *Dach, r, k, g, ng* wie in *Zange*.

Phonologische Bewusstheit: Diese fördern insbesondere die Spiele, die sich durch eine klare Reimstruktur, prägnante Anlaute bzw. Lautverbindungen und Alliterationen auszeichnen.

Sprachrhythmus und Sprachmelodie: Diese Aspekte werden natürlich besonders durch die Versstruktur der Spiele getragen und kommen durch das Sprachtempo, einen bewussten Stimmeinsatz und eine ausgeprägte Mimik bedeutungstragend zur Geltung.

Grundwortschatz: Die Verse greifen Themen aus der Lebenswelt der Kinder auf und verwenden in diesem Zusammenhang wichtige Wörter aus dem Grundwortschatz. Die Kinder lernen die Wörter somit themen- bzw. wortfeldgebunden kennen und erweitern/ festigen ihren Wortschatz.

Zur **didaktischen Umsetzung** machen sich die Verse verschiedene **sprachgestalterische Mittel** zu Nutze:

Wiederholungen: In den Spielen wiederholen sich sowohl einzelne Verse als auch einzelne Laute oder Wörter. Das richtet die Aufmerksamkeit der Kinder auf die wesentlichen sprachlichen Besonderheiten und hilft ihnen, der Handlung zu folgen.

Fokus auf einen bestimmten Laut: Dadurch, dass in einigen Spielen ein bestimmter Laut verstärkt auftritt, wird er als prägnanter Laut bewusst wahrgenommen.

Gelegenheiten zum Mitmachen und Mitsprechen: In einigen Spielen sind die Kinder besonders dazu eingeladen, bestimmte Laute (z. B. Tierlaute) mitzusprechen. Das steigert die Freude am Spiel und fördert ihre artikulatorischen Fähigkeiten. Das Mitklatschen und Mitpatschen auf einem bestimmten Wort macht nicht nur Spaß, sondern richtet die Konzentration auch auf bestimmte sprachliche Einheiten, die die Kinder bewusst wahrnehmen.

Ausrufe und wörtliche Rede: Sie machen die Verse für die Kinder besonders interessant, da sie Mittel eines „lebendigen" Sprachgebrauchs sind.

Spannungsbögen (dramaturgische Bögen): Sie halten die Aufmerksamkeit der Kinder.

Lautmalerei: Manche Wörter in den Versen transportieren die Bedeutung bereits über ihren Klang. Das hilft den Kindern, die Wortbedeutungen zu erfassen.

Und hier noch ein Tipp zum Verse-Sprechen: Damit Sie schneller erkennen, welches das Metrum des Verses ist und ob die Verszeile im „Auftakt" oder „Volltakt" beginnt, wird die Betonung im Sprachrhythmus durch farbig markierte Buchstaben in den Verszeilen angezeigt. So haben Sie den Sprachrhythmus gleich auf einen Blick und brauchen nicht viel Zeit mit Ausprobieren zu verbringen. Hier ein paar Beispiele:

Gerades Metrum (1¼), Volltakt:
Eine kleine Tippelmaus
Hinkelchen und Henkelchen

Gerades Metrum (1¼), Auftakt:
Ein Igelchen kommt leis' daher.
Die Maus trinkt einen Möhrensaft.

Ungerades Metrum (4¾), Volltakt:
Die lieben Eckbert und Frida nicht minder.

Ungerades Metrum (4¾), Auftakt:
Sie können auch rückwärts und machen nicht schlapp.

Zusätzlich habe ich noch eine **Übersichtstabelle** (siehe Seite 70/71) beigefügt. Hier sind die Spiele nochmals nach verschiedenen **Förderschwerpunkten** sortiert. Somit hoffe ich, dass Ihnen dieses Buch viel Ideenmaterial für Ihre kreative Arbeit mit den Allerkleinsten bietet.

Ich wünsche Ihnen viel Freude beim Ausprobieren.

Tina Weiler

Verse sprechen ..., Finger spielen ...

Ich kenne einen Kugelfisch

TIERE

Verse sprechen …

Ich kenne einen Kugelfisch
mit einem großen Hut.
Diesem kleinen Kugelfisch
steht sein Hut sehr gut.
Großer Hut,
kleiner Fisch,
ohne Hut sieht man ihn nicht.
Ohne Hut geht er nicht raus.
Ohne Hut bleibt er zu Haus.

Finger spielen …

Mit beiden Händen einen Kreis in die Luft zeichnen.
Mit beiden Händen einen Hut über dem eigenen Kopf andeuten.
Mit beiden Händen einen kleinen Kreis in die Luft zeichnen.
Mit beiden Händen einen Hut über dem eigenen Kopf andeuten.
Mit beiden Händen einen Hut über dem eigenen Kopf andeuten.
Mit beiden Händen einen kleinen Kreis in die Luft zeichnen.
Mit beiden Händen einen Hut andeuten und mit dem Kopf schütteln.
Mit beiden Händen einen Hut andeuten und mit dem Kopf schütteln.
Die Arme vor der Brust verschränken, fast ein bisschen bockig.

Ich kenne einen Kugelfisch

Für die Sprachentwicklung:

Neben dem **Artikulationsschwerpunkt *h*** werden hier die beiden Wörter *Hut* und *Fisch* aus dem **Grundwortschatz** gezielt geübt. Weiterhin wird mit dem **Gegensatzpaar** *groß* und *klein* gearbeitet. Bedenken Sie die **stimmliche Ausgestaltung** des Gegensatzpaares, z. B. von wuchtig und kräftig zu zart und leiser.

Gut zu wissen:

Dies ist ein Handspiel, bei dem der Oberkörper einbezogen wird. Ein Gespräch über Fische sollte vorausgehen, und vielleicht zeigen Sie auch ein Bild von einem Kugelfisch – als **Gesprächsanlass**. Dieser Fisch lässt sich auch sehr leicht malen – jeder seinen eigenen oder alle gemeinsam auf ein großes Blatt Papier.

Tipp:

Bei den älteren Kindern könnte man das Spiel nach dem Muster „Mein Hut, der hat drei Ecken" gestalten – das Wort zur jeweiligen Handlung wird weggelassen.

Oooo und iiii

KITZELN

Verse sprechen …

Da krabbelt was auf deinem Arm.

Oooo!

Es ist ganz kuschlig und ganz warm.

Aaaa!

Hier drüben kribbelt auch etwas.

Eeee!

Das ist ganz glitschig und ganz nass.

Iiii!

Finger spielen …

Mit den Fingerspitzen auf dem rechten Arm des Kindes von der Hand bis zur Schulter hochkrabbeln.

Pause! Die Hand bleibt am Arm des Kindes.

Ihre Hand „kuschelt“ sich an den Hals des Kindes.

Pause! Die Hand bleibt am Hals des Kindes.

Mit den Fingerspitzen auf dem linken Arm des Kindes von der Hand bis zur Schulter hochkrabbeln.

Pause! Die Hand bleibt am Arm des Kindes.

Ihre Hand kitzelt den Hals des Kindes.

Weiter kitzeln.

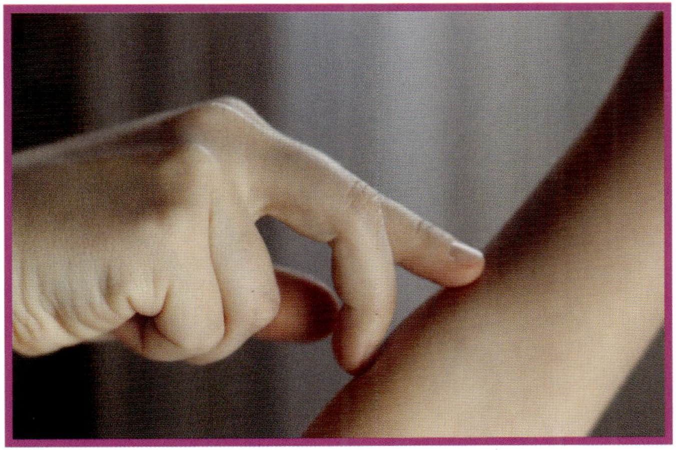

Für die Sprachentwicklung:

Der **Artikulationsschwerpunkt** liegt in diesem Spiel auf den **Vokalen *o*, *a*, *e*** und ***i***. Achten Sie darauf, dass das Kind auf Ihren Mund sieht und so über das Sehen und Hören noch besser mit den Vokalen arbeiten kann. Als **gefühlsbetonte Ausrufe**, die den Kindern schon aus dem **alltäglichen Sprachgebrauch** bekannt sind, machen die Vokale das Spiel lebendig. Schon die ganz Kleinen können „mitreden", wenn sie so Freude, Überraschung und ein klein wenig Ekel über die Sprache mitteilen.

Variante:

Sie können das Wort *Arm* auch durch *Bein* ersetzen und anstelle des Halses dann den Bauch kitzeln. Wenn das Kind auf dem Rücken liegt (z. B. beim Wickeln) ist diese Variante eine schöne Alternative.

Zehn zuckersüße Zappelfinger

RAUM UND RICHTUNGEN

Verse sprechen …

Zehn zuckersüße Zappelfinger
zappeln zusammen im Zonnenschein.
Sie zappeln ziemlich munter:
zoch und zunder, zoch und zunder.

Sie zappeln zin, sie zappeln zer,
dann zweimal kreuz und zweimal quer.
Sie zappeln zauberhaft zusammen
wie kleine Zappel-Zunderflammen.

Finger spielen …

Während des gesamten Spiels zappeln die Finger unaufhörlich. Die Hände folgen dem Text: mal hoch, mal runter, hin und her, kreuz und quer.
Am Ende, bei dem Wortteil *„Zunder“*, sollte ein Akzent das Spiel beenden: Spielen Sie mit einer Hand, können die Finger als Akzent plötzlich weit geöffnet werden und sich nicht mehr bewegen. Spielen sie mit zwei Händen, kann ein „Klatsch“ das Spiel beenden.

Für die Sprachentwicklung:

Immer wieder hören die Kleinen in diesem Vers den prominenten **Zischlaut z**. Das fördert nicht nur die **auditive Wahrnehmung**, sondern auch ihre **phonologische Bewusstheit**.

Die lustige Aussprache von Wörtern (hier durch die **Alliteration**) macht den Kindern oft viel Freude. Bitte vergessen Sie aber nicht die richtige Aussprache zu thematisieren.

Ein kleiner Wurm

TIERE; SEHR LEICHT

Verse sprechen …

Auf einem Turm, da
sitzt ein kleiner Wurm und
schaut ganz gespannt
auf das weite Land.

Er sieht einen zweiten Turm.
Darauf sitzt ein andrer Wurm.
Sie winken alle beide
und wechseln schnell die Seite. Huiii!

Finger spielen …

Eine Faust (der Turm) machen.

Der Daumen (der Wurm) kommt oben aus der Faust.

Den Daumen hin- und herbewegen.

Die andere Hand zur Faust (der zweite Turm) machen.

Der zweite Daumen kommt oben aus seiner Faust.

Die Daumen „nicken“ sich zu.

Die Türme fliegen, huiii, durch die Luft und landen überkreuz auf der anderen Seite.

Ein kleiner Wurm

TIERE; SEHR LEICHT

Für die Sprachentwicklung:

Neben den **Artikulationsschwerpunkten *t*** und ***w*** wird in diesem Spiel der **Grundwortschatz** mit den Wörtern *Turm, Wurm, Land, klein* und *weit* geübt.

Achtung: Ab Zeile fünf wechselt durch den dramaturgischen Bogen des Verses der **Sprachrhythmus**. Dieser sowie die Dramaturgie der kleinen Handlung „beflügeln“ sich quasi gegenseitig. Der **Rhythmuswechsel** unterstützt die Geschichte in ihrem inhaltlichen Fortgang.

Variante:

Wenn Sie mit den Kindern am Boden sitzen, dann könnten die Turm-Fäuste auch noch erhöht auf Ihren angestellten Knien thronen. Oder das Kind kann das Fingerspiel ausführen und Ihre Knie als Berge benutzen.

Der Fausthandschuh

MIT REQUISITE; SEHR LEICHT

Verse sprechen …	Finger spielen …
Ein Fausthandschuh, der ist famos,	Einen Fausthandschuh zeigen.
denn er macht die Hand ganz groß.	Parallel dazu eine Hand zeigen.
Drinnen ist es kuschelig,	Die Hand in den Handschuh stecken.
weich und warm und huschelig.	
Ein Fausthandschuh, der ist sehr fein.	Die Hand mit Handschuh zeigen und von allen Seiten betrachten.
Da passen alle Finger rein.	Die Finger bewegen.
Nur der Daumen, der schaut raus.	Nur den Daumen bewegen.
Steck ihn schnell in deine Faust.	Den Daumen mit den anderen Fingern verstecken.

Der Fausthandschuh

MIT REQUISITE; SEHR LEICHT

Ein Hinweis vorab:

Sie brauchen einen **Fausthandschuh**.

Interessant ist dieses Spiel auch, wenn Sie die Unterschiede zu einem Fingerhandschuh thematisieren.

Für die Sprachentwicklung:

Der **Artikulationsschwerpunkt** liegt auf dem **Zischlaut s** sowie auf dem **„ich"-Laut**, dem Reibelaut, den man im Deutschen in der Regel für die Buchstabenfolge „*-ig*" am Ende eines Wortes spricht. Bitte achten Sie bei den Worten *kuschelig* und *huschelig* daher genau auf diese Endaussprache „ich". Der angenehme, weiche Klang dieser Wörter transportiert eben diese **Bedeutungsassoziation** des Begriffs *Fausthandschuh*. Mit den Wörtern *Handschuh, Hand, Finger, Daumen, Faust, weich, warm* helfen Sie den Kindern, sich ein kleines **Bedeutungsfeld** bzw. **Wortfeld** zu erschließen.

Pallepalle

PATSCHEN UND KLATSCHEN; TIERE

Verse sprechen …

Palle, palle, palle, ho!
Palle, palle, palle, hi!
Palle, palle, palle, he!
Die Tiere geh'n heut' ins Café.

Die Maus trinkt einen Möhrensaft.
Dem Hahn wird Apfelmost gebracht.
Der Hund trinkt einen Milchkaffee.
Die Katze trinkt heut' schwarzen Tee.
Vier Gackerhühner trinken Sekt.

Ob der ihnen wirklich schmeckt?
Keks und Kuchen gibt's dazu.

Palle, palle, palle, pu.

Finger spielen …

Mit den Händen schnell auf die Oberschenkel schlagen und bei *„ho"*, *„hi"* und *„he"* die Hände hoch in die Luft heben.

Schnell auf die Oberschenkel schlagen, bei *„Café"* die Hände zu Fäusten ballen, die Unterarme vor den Oberkörper nehmen, sodass die Kinder Ihren Handrücken sehen.

Maus: den kleinen Finger der rechten Hand strecken.
Hahn: den Ringfinger dazunehmen.
Hund: den Mittelfinger …
Katze: den Zeigefinger …
Gackerhühner: den kleinen, Ring-, Mittel- und Zeigefinger der linken Hand strecken.
Pause. Ein fragendes Gesicht machen.
Bei *„Keks"* den Daumen der rechten Hand strecken, und bei *„Kuchen"* den Daumen der linken Hand strecken.
Mit den Händen schnell auf die Oberschenkel schlagen, und bei *„pu"* die Hände hoch in die Luft heben.

Für die Sprachentwicklung:

Der **Artikulationsschwerpunkt** liegt auf dem schwierigen **Inlaut *l*** und dem **plosiven Anlaut *p***. Mit den Tiernamen und den Getränkebezeichnungen lernen die Kinder zudem wichtige Wörter aus dem **Grundwortschatz**. Was ist aber der Unterschied zwischen Most und Saft? Gibt es auch grünen, gelben oder blauen Tee? Der Vers liefert einige **Gesprächsanlässe**. Wenn das Spiel gut angelegt ist, macht es besondere Freude, mit dem **Sprachtempo** zu spielen. Ganz langsam ist hier genauso lustig wie sehr schnell.

Gut zu wissen:

Bei diesem Freude bringenden Spiel können die Kinder sehr schnell aktiv mitmachen. Es müssen ja nicht gleich alle Fingerbewegungen sein. Doch auf die eigenen Oberschenkel, die Tischplatte oder auf den Boden zu patschen, das beherrschen schon die Kleinsten.

Ich bin Herr Mops

MIT REQUISITE

Verse sprechen …

Ich bin Herr Mops.

Ich esse gerne Klops.

Ich trinke gerne noch dazu

wasserrotes Mopsshampoo.

Ich bin Herr Mops.

Finger spielen …

Drücken Sie im Sprachrhythmus vorsichtig den Luftballon-Mops. Bewegen Sie dabei Ihre Hand langsam hin und her.

Für die Sprachentwicklung:

Neben dem **Artikulationsschwerpunkt** auf dem **Zischlaut s** steht hier das **Sprachtempo** im Vordergrund. Lassen Sie sich beim Sprechen viel Zeit. Die **Stimme** könnte in einer tieferen Tonlage arbeiten. Die Wörter *Mops* und *Klops* als zentrale **bedeutungsvolle Begriffe**, die eine **Bedeutungsassoziation** mit dem Begriff *dick* anstoßen, könnte man natürlich stimmlich besonders unterstreichen – aber bitte ohne den Unterton „dick ist schlecht“. Melodisch umgesetzt, eignet sich die Melodie von „Schlaf Kindchen, schlaf“.

Tipp:

Der Luftballon-Mops ist natürlich nur ein Vorschlag. Geeignete andere Figuren, Kuscheltiere, ein mit einem Gesicht bemalter Plastikteller oder ein weicher Schaumstoffball machen sich natürlich auch wunderbar.

Schieb den Kuchen

ESSEN UND TRINKEN; SEHR LEICHT

Verse sprechen …	Finger spielen …
Schieb den Kuchen in den Ofen rein.	Die Handfläche der linken Hand zeigt zur Decke. Die rechte Hand streicht sprachrhythmisch viermal von der Handwurzel der linken Hand bis zu den Fingerspitzen.
Wird er bald ganz lecker, lecker sein.	Beide Handflächen in Vorfreude aneinanderreiben.
Zieh den Kuchen aus dem Ofen raus.	Die Handfläche der rechten Hand zeigt zur Decke. Die linke Hand streicht sprachrhythmisch viermal von den Fingerspitzen der rechten Hand bis zur Handwurzel.
Hmm, das wird ein feiner, feiner Schmaus.	Beide Handflächen in Vorfreude aneinanderreiben.

Für die Sprachentwicklung:

Mit den Wörtern *Kuchen*, *Ofen* und *lecker* erweitern bzw. festigen Sie den **Grundwortschatz** der Kinder. Die Bedeutung von *lecker* unterstreichen Sie mit dem **Ausruf *hmm***, wie die Kinder ihn aus dem **natürlichen Sprachgebrauch** sicher schon kennen. Die charakteristische Bewegung des Händereibens macht Vorfreude sichtbar und trägt somit auch auf **gestischer Ebene** dazu bei, dass die Kinder die **Bedeutung** von *lecker* leichter **erfassen**.

Als weiteren Sprachförderaspekt möchte ich Sie hier auf das wechselnde **Sprachtempo** in jeder Zeilenmitte hinweisen. Dies entspricht sprachrhythmischen Besonderheiten, wie sie auch in der Alltagssprache vorkommen.

Variante:

Statt über Ihre eigenen Handflächen könnten Sie über die Handflächen des Kindes streichen.

Scht, scht

AUCH MIT REQUISITE

Verse sprechen …

Finger spielen …

Legen Sie die Hände zu Beginn so ineinander, als ob Sie in der Handhöhle etwas sehr Wertvolles aufbewahren/verstecken.

Scht, scht, schwupp diwupp,
scht, scht, schnupp didupp.

Bewegen Sie das Handversteck im Sprachrhythmus hin und her.

Scht, scht, schaut gut hin!
Scht, scht, was ist drin?

Halten Sie inne, und lassen Sie vorsichtig die neugierigen Kinderaugen näherkommen. Am Ende ziehen Sie das Handversteck schnell zurück – es soll ja noch spannend bleiben …

Scht, scht, schwupp diwupp,
scht, scht, schnupp didupp.

Bewegen Sie das Handversteck im Sprachrhythmus hin und her.

Scht, scht, schaut mal rein!
Scht, scht, was wird's sein?

Halten Sie wieder inne, und nach einer kurzen Möglichkeit des Reinsehens dürfen die Kinder raten, was es sein könnte.

Für die Sprachentwicklung:

Der **Artikulationsschwerpunkt** liegt auf den **schwierigen Lautverbindungen *scht*, *schw*** und ***schn***. Die deutliche Artikulation dieser Lautverbindungen im Anlaut fördert die **phonologische Bewusstheit** der Kinder.

Tipp:

In Ihrem Handversteck könnte etwas Imaginäres sein (z. B. ein Schmetterling, der dann wegfliegt). Die Kinder dürfen raten, was es ist, wobei Sie ihnen Hinweise geben, die sie auf den richtigen Begriff bringen (z. B. hat zwei Flügel, ist sehr klein, ist ganz bunt ...). In Ihrem Versteck kann natürlich auch ein richtiger Gegenstand versteckt sein (z. B. ein buntes Stofftuch, welches groß wird, sobald es aus dem Versteck kommt). Sprechen Sie gemeinsam über den Gegenstand. Diese Variante regt die **Fantasie** der Kleinen an und bietet zahlreiche **Gesprächsanlässe**, die die **Freude am Sprechen** fördern.

Das kleine Krokodil

TIERE; SEHR LEICHT

Verse sprechen …

Ich bin das kleine Krokodil.
Schnapp, schnapp, schnapp.

Ich esse, esse, esse viel.
Schnapp, schnapp, schnapp.

Das geht ganz einfach, schaut mal her.
Mein Maul geht auf und zu.

Ich beiß' so gern von allem ab.
Schnapp, schnapp, schnapp.

Finger spielen …

Für das Spiel mit einer Hand:
Der Daumen bildet den Unterkiefer, die anderen Finger den Oberkiefer des Krokodils.

Für das Spiel mit beiden Händen:
Die Handflächen aneinanderlegen. Die Handwurzeln bleiben zusammen. Der Rest der Hände öffnet und schließt sich.

Für das Spiel mit beiden Armen:
Die nach vorn ausgestreckten Arme bilden das Maul des Krokodils.

Für die Sprachentwicklung:

Die **schwierige Lautverbindung *schn*** bildet hier den **Artikulationsschwerpunkt**. Durch die Wörter *Krokodil, Maul* und *beißen* erweitern Sie den **Grundwortschatz**. Die Kinder lernen diese Wörter hier in einem logischen Bedeutungszusammenhang kennen und verinnerlichen ihre Bedeutung auf diese Weise leichter. Die dreimalige **Wortwiederholung** von *essen* unterstreicht die Intensität der **Bedeutung** (viel essen). Das Wort *schnapp* hat gleichzeitig lautmalerische Funktion, indem es die Art und Weise des Essens auf der Lautebene transportiert.

Varianten:

Dieser Vers ist für eine Hand, für zwei Hände oder die Arme geeignet. Natürlich können Sie hier auch eine Handpuppe, ein Kuscheltier, ein aus Papier gefaltetes Krokodil ... dazunehmen.

Sie können das Spiel im Sitzen oder im Gehen spielen, es kann ein Krokodil oder mehrere geben.

Am Tisch

PATSCHEN UND KLATSCHEN

Verse sprechen …	Finger spielen …
Teller klappern, Löffel klingen,	Mit den Händen auf den Tisch patschen.
lass uns schnell zu Tische springen.	Mit beiden Zeigefingern an der Tischkante im Wechsel auf den Tisch klopfen.
Fix die Stühle rangeschoben,	So tun, als ob man mit beiden Händen etwas vor sich herschiebt.
Hände in die Luft gehoben.	Hände hoch in die Luft heben.
Dreimal klatschen: klapp, klapp, klapp.	Auf jedes „Klapp“ einmal in die Hände klatschen.
Und nun essen wir uns satt.	Mit einer Hand über den Bauch streichen.

Für die Sprachentwicklung:

Mit den Wörtern *Teller, Löffel, Stühle, Hände* und *essen* erweitern und festigen die Kinder ihren **Grundwortschatz** und verinnerlichen die Bedeutung der Wörter leichter, weil sie sie im Bedeutungszusammenhang des Wortfelds „Essen" lernen. Den **Artikulationsschwerpunkt** bilden die **Vokale**.

Eine gute Gelegenheit:

Dieses Spiel können Sie vor dem Essen zum Ritual werden lassen, es macht sich aber auch hervorragend in der Puppenecke.

Variante für die ganz Kleinen:

Bei den ganz Kleinen kann man das Kind auf den Schoß nehmen, die Hände des Kindes halten und die ersten vier Verszeilen nur durch gemeinsames Patschen begleiten.

Die Wurst

Verse sprechen …	Finger spielen …
Ilse, Jokel, Knut und Lollo	Auf „*Ilse*“ die Kuppe des Zeigefingers mit der des Daumens aneinandertippen; dann mit jedem weiteren Namen Mittelfinger und Daumen, Ringfinger und Daumen, kleinen Finger und Daumen aneinandertippen.
sind die Kinder von Frau Knollo.	Den Daumen an die Handfläche pressen und mit den anderen Fingern zappeln; bei dem Wort „*Knollo*“ die vier Zappelfinger zur Faust ballen und den Daumen nach oben halten – das ist Frau Knollo.
Alle Viere haben Durst,	Siehe erste Verszeile, aber mit der anderen Hand ausführen.
denn sie aßen zu viel Wurst.	Siehe zweite Verszeile, aber mit der anderen Hand ausführen; bei dem Wort „*Wurst*“ die vier Zappelfinger zur Faust ballen und den Daumen nach oben halten – das ist die Wurst.

Für die Sprachentwicklung:

Der sehr **regelmäßige Sprachrhythmus** und die klare **Reimstruktur** stellen die Förderung der **phonologischen Bewusstheit** in den Mittelpunkt dieses Spiels.

Gut zu wissen:

Dieser Vers ist ein schwieriges Fingerspiel und damit eine besondere **Herausforderung für die Feinmotorik**. Kurz vor dem vierten Geburtstag werden die Kinder in der achten ärztlichen Voruntersuchung (U8) oft genau auf diese Fingerübung (Fingerkuppen zusammenbringen) getestet. Versuchen Sie es mal mit Ihren Ältesten. Aber auch für die Jüngeren ist die Auseinandersetzung mit diesem Schwierigkeitsgrad wichtig. Bei der Beobachtung Ihrer Hände speichern sie über das Auge viel Wissen, das sie an die eigene Motorik weitergeben (Sensomotorik).

Ein Sonnentag

RAUM UND RICHTUNGEN

Verse sprechen …

Die Sonne schaut zu dir herab
und schenkt dir einen warmen Tag.

Die Blümchen rufen hoch zu dir:
„In allen Farben blühen wir."

Rechts und links zwei Schmetterlinge fliegen.
Sie wollen das Schmetterlingsflattern üben.

Und ich schaue dich von vorne an,
damit ich dein Lächeln sehen kann.

Finger spielen …

Eine weit geöffnete Handfläche strahlt von oben als Sonne hinunter.

Zwei weit geöffnete Handflächen strahlen als Blüten nach oben.

Beide Hände bilden je einen Schmetterling (Der Daumen bildet einen Flügel, die anderen Finger den anderen.) und flattern rechts und links neben Ihnen.

Auf ein Kind zeigen und es frontal anschauen.

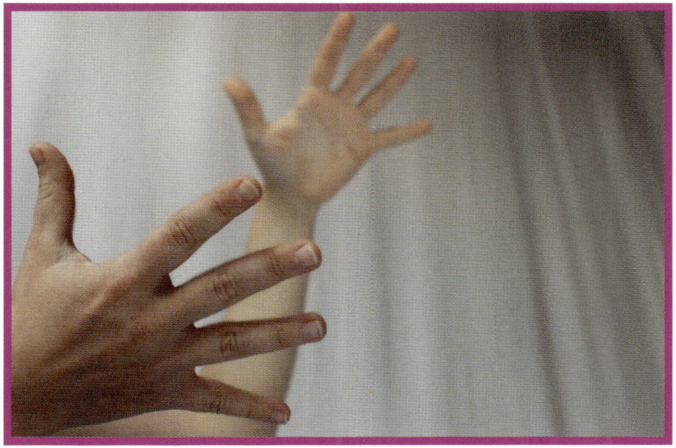

Für die Sprachentwicklung:

Dieser Vers beschäftigt sich intensiv mit dem **Bedeutungsfeld/Wortfeld** „Sommer". Die Wörter *Sonne, warm, Tag, Blümchen, Farben, Schmetterling* sind wichtige Wörter aus dem **Grundwortschatz**, die die Kinder hier in einem konkreten Bedeutungszusammenhang lernen und verinnerlichen.

Gut zu wissen:

In diesem Spiel geht es um die Richtungen. Lassen Sie sich Zeit, und machen Sie die Richtungen durch ausladende Bewegungen deutlich, damit die Kinder die Richtungen besonders gut wahrnehmen können. Vielleicht stehen Sie beim Wort *Sonne* auf, machen sich groß und gehen hingegen beim Wort *Blumen* in die Hocke.

Sprechen Sie vor allem in Zeile fünf und sechs langsam und deutlich. Die Wörter *Schmetterlinge* und *Schmetterlingsflattern* bilden die Schwierigkeit in diesem Spiel.

Guckuck!

AUFMERKSAME AUGEN

Verse sprechen …

Ein Fernrohr ist ein tolles Ding,
da kann ich dich gut sehen.

Durch einen alten Lattenzaun
kann man auch gut spähen.

Zum In-die-Ferne-Blicken
kann man Türme bauen.

Doch bei einer dicken Mauer
muss man drüberschauen.

Guckuck!

Finger spielen …

Mit beiden Händen ein Fernrohr andeuten und dadurch das Kind ansehen.

Die geöffneten Hände nebeneinander bilden den Lattenzaun;
durch die Finger (die Latten) hindurchspähen.

Eine Hand an die Stirn legen und in die Weite schauen;
Faust auf Faust setzen und einen imaginären Turm bauen.

Die geöffneten Handflächen zu sich drehen und übereinanderhalten;
vorsichtig über die „Hand-Mauer“ schauen.

Gut zu wissen:

Für viele Tätigkeiten gibt es mehrere Wörter, die diese beschreiben. Dieser Vers spielt mit den **Wortvarianten** für die Tätigkeit des Sehens: *sehen, spähen, blicken, schauen, gucken*. In meinen Weiterbildungen versuche ich die Teilnehmer immer auf die Vielfalt der Sprache hinzuweisen und darauf, dass viele Kinder heute nur noch einen reduzierten Wortschatz angeboten bekommen. Bitte achten Sie darauf. Es gibt so viele schöne Wörter.

Für die Sprachentwicklung:

Guckuck ist ein **Wort mit Aufforderungscharakter**: Es regt Kinder zum „Guckuck"-Spielen und „Guckuck"-Mitsprechen an. Über die mit diesem Wort verbundene Handlung lernen und verinnerlichen die Kinder die **Wortbedeutung** von „gucken" spielerisch.

Kleine, dünne Ringelnatter

TIERE; AUCH MIT REQUISITE

Verse sprechen …

Kleine, dünne Ringelnatter,

machst nicht „Piep“ und kein Geschnatter.

Bellst nicht, schreist nicht nach „Kakao“,

grunzt nicht und machst nicht „Miau“.

Machst nicht „Mäh“ und machst nicht „Muh“,

sag einmal, wie machst denn du?

Finger spielen …

Eine selbstgebastelte Papier-Ringelnatterzunge ist nur eine Möglichkeit, die Natter darzustellen. Diese bewegt sich über den Tisch, am Boden … Vielleicht hat jedes Kind seine eigene „Zunge“, um den Vers zu begleiten.

Kleine, dünne Ringelnatter

TIERE; AUCH MIT REQUISITE

Für die Sprachentwicklung:

Das Geräusch der Ringelnatter könnten die Kinder durch den **Zischlaut z** („zzzzzz") verdeutlichen. Nach dem Spiel sind alle Kinder eingeladen, diesen **schwierigen Sprachlaut** mitzusprechen. Der Artikulationsschwerpunkt im Text sind die **Vokale**, die vor allem in den Tierlauten zum Tragen kommen.

Zum Weitermachen:

Als Fortführung könnten Sie ein **Gespräch** zum Thema Tiere und deren Geräusche wählen. Die Kinder denken nach, welches **Geräusch** welche Tiere machen, aktivieren so ihr Wissen über diese Tiere und verinnerlichen die **Wortbedeutungen** somit leichter, da sie sie in Zusammenhängen lernen, z. B. „Hund" und „bellen".

Und natürlich nicht vergessen, zu klären: Was ist eine Ringelnatter? Ein Bild, eine kleine Plastikfigur oder sogar ein echtes Tier (zum Beispiel im Terrarium) wären drei weitere Möglichkeiten, die Ringelnatter „sichtbar" zu machen.

Zwei Häschen

Verse sprechen …

Ein Häschen sitzt an einem Feld
und schaut ganz traurig in die Welt.
„Armes Häschen, warum schaust du so traurig drein?"
„Ach, ich bin doch so allein!"
Da kommt ein zweiter Mümmelmann
und schaut unser trauriges Häschen an.
Nun gibt es ein „Löffel-Guten-Tag",
so wie es jeder Hase gerne mag.
Sie waren sich sofort ganz sympathisch.
Das ging völlig unproblematisch.
Nun hoppeln sie zweisam
und gar nicht mehr einsam
über das Feld
in die weite, weite Welt.

Finger spielen …

Dieser Vers ist ein Hoch auf die Freundschaft. Ob Sie beide Hasen mit Ihren beiden Händen darstellen oder Ihre Zeigefinger mit Stift und kleinen Papierstreifen in Hasen verwandeln, ist Ihrer Lust und Laune überlassen. Dem „Löffel-Guten-Tag" können Sie jedes Mal ein neues Aussehen geben. Vielleicht fragen Sie die größeren Kinder, wie sich die Hasen begrüßen.

Für die Sprachentwicklung:

Finden Sie bitte beim Erzählen der Geschichte Ihren eigenen **Sprachrhythmus**. Lassen Sie sich Zeit, die Geschichte zu erzählen, damit die Kinder der Handlung gut folgen können. Sie können die Anteile der **wörtlichen Rede** in Abgrenzung zum erzählenden Text theatralisch hervorheben. Nutzen Sie die **Stimme**, um **Gefühle** und **Bedeutungen** zu transportieren. Wichtig in diesem Vers sind die **Reime**. Sie fördern die **phonologische Bewusstheit**.

Tipp

Dieses Spiel eignet sich ausgezeichnet bei den Themen Freundschaft, Liebe, aber auch Versöhnung. Es ist eben immer schöner, zu zweit einen Weg zu gehen oder etwas zu schaffen als allein.

Dreh dich, dreh dich

RAUM UND RICHTUNGEN

Verse sprechen …

Dreh dich, dreh dich, rumdideldum.

Wende, wende dich nur um.

Schau nach vorne und nach hinten.

Schöne Dinge wirst du finden.

Finger spielen …

Die Hände umeinanderwickeln.

Beide Hände mit den Fingern nach oben in die Luft halten und hin- und herwenden.

Mit beiden Zeigefingern nach vorne zeigen; mit beiden Daumen über die Schultern nach hinten zeigen.

Mit beiden Händen rundherum die „schönen Dinge“ zeigen.

Für die Sprachentwicklung:

Den **Artikulationsschwerpunkt** bildet der weiche **Plosivlaut *d***. Auch in diesem Spiel sollen sich Sprache und Bewegung gegenseitig unterstützen: Das Wort *rumdideldum* klingt fließend, wie die fließende Bewegung des Händewickelns. Weiterhin unterstützt dieses Wort die Assoziation des Sich-im-Kreis-Drehens, des Wendens.

Variante:

Dieses Spiel greift das **Thema „Richtungen"** auf. So bietet es sich an, die Bewegungen von der Feinmotorik in die **Grobmotorik** zu verlagern und die Richtungen mit dem ganzen Körper zu erfassen: Sich im Stehen zu drehen und zu wenden, nach vorn- und zurückzuschauen und am Ende etwas Schönes im Raum zu entdecken und zu benennen, ist eine feine Sache. Überdies bietet dieses Spiel natürlich auch einen klaren **Gesprächsanlass**: Was könnten die schönen Dinge sein? Was ist in den Augen der Kinder schön?

Onkel und Tante

RAUM UND RICHTUNGEN

Verse sprechen ...

Mein Onkel Eckbert, der liebt Tante Frida.

Sie sind seit vielen Jahren ein Liebespaar.

Beide haben sie acht süße Kinder.
Die lieben Eckbert und Frida nicht minder.

Alle, alle Zehn finden es schön,
gemeinsam, gemeinsam spazieren zu geh'n.

Sie wandern vorwärts, tippel di tap.
Sie können auch rückwärts
und machen nicht schlapp.
Dann noch im Kreis, im Sauseschritt,

und nun kommt ein Pustewind
und nimmt sie mit. Hui!

Finger spielen ...

Zeigen Sie erst einen und dann den anderen Daumen.

Beide Daumen (verliebt) aneinanderkuscheln.

Die anderen acht Finger Ihrer Hände zappeln.

Alle Finger zeigen und dann die Fingerspitzen aufsetzen (auf den Tisch, den Boden, die Oberschenkel ...).

Den Anweisungen im Text folgen.

Die Hände wegfliegen lassen.

Für die Sprachentwicklung:

Achten Sie beim Sprechen auf den **Sprachrhythmus**. Gesprochen wird bei diesem Vers in einem schwingenden ¾-Takt. Immer die erste Zählzeit im Takt wird betont. Wir haben also 4 Takte auf jeder Verszeile. Dieser „bewegte" Sprachrhythmus unterstreicht die Bedeutung der **Bewegungswörter**. Der **Grundwortschatz** wird hier mit den Wörtern *Onkel, Tante, Kinder* erweitert/gefestigt. Diese Wörter bilden auch eine Grundlage für das Bedeutungsfeld/Wortfeld „Familie".

Tipp:

Dieses Spiel können Sie genauso gut mit den Zehen spielen. Das macht sich besonders gut, wenn das Kind liegt (z. B. beim Wickeln, beim Spielen am Boden, beim Ausziehen). Natürlich macht das Spiel auch mit vielen nackten Füßchen im Garten Spaß.

Ich erzähle Quatsch!

PATSCHEN UND KLATSCHEN

Verse sprechen ...

1. Strophe:
Patsch, patsch, patsch und klatsch, klatsch, klatsch,
ich erzähle euch jetzt Quatsch!
Patsch, patsch, patsch und klatsch, klatsch, klatsch,
ich erzähl' jetzt Quatsch!

Belobigung:
Patsch ..., das war richtig guter Quatsch.
Patsch ..., das war guter Quatsch.

2. Strophe:
Patsch ..., wer erzählt als nächster Quatsch?
Patsch ..., wer erzählt jetzt Quatsch?

Belobigung:
...

Beendigung:
Patsch ..., doch jetzt ist Schluss mit diesem Quatsch!
Patsch ..., doch jetzt ist Schluss mit Quatsch.

Finger spielen ...

Die Spielanweisung ist sehr einfach:
Immer bei „*Patsch, patsch, patsch und klatsch, klatsch, klatsch*" dreimal auf etwas patschen, dreimal die Hände zusammenklatschen.

Erzählen Sie nach der **ersten Strophe** einen kurzen Quatsch. Zum Beispiel: „Ich habe heute knallrote Ohren." Dann folgt die **Belobigung**.

Nach der **zweiten Strophe** darf ein Kind einen kurzen Quatsch erzählen, und es folgt wieder die **Belobigung**.

Das können Sie nun fortführen, solange Sie und die Kinder Lust dazu haben. Möchten Sie das Spiel beenden, folgt nach der Belobigung die **Beendigung**.

Für die Sprachentwicklung:

Das **dialogische Sprechen** soll die Kinder anregen, selbst eine Idee zu formulieren, der Sprache freien Lauf zu lassen und dabei **Freude am Sprechen** zu empfinden. Der **Artikulationsschwerpunkt** liegt in der Übung des **Zischlauts *tsch***. (Die artikulatorische Umkehrung bildet das Spiel „Scht, scht" auf Seite 26.)

Gut zu wissen:

Auch in diesem Spiel geht es neben der immensen Freude beim Klatschen und Patschen um Eigenschaften der Dinge um uns herum (wie auch im Spiel „Scht, scht" auf Seite 26), nur dass hier die Themen mit Absicht sehr durcheinander kommen dürfen: Es darf mal so richtig geschummelt und geflunkert werden. Auch bei den Händen, in die wir klatschen, kann es zu einem tollen Durcheinander kommen ...

Herr Langnase

MIT REQUISITE

Verse sprechen …

Herr Langnase ist kein Tier.
Er ist ein Wesen mit einer langen Nase
und zwei großen Augen – ihr seht ihn hier.
Herr Langnase fragte mich heute:
„Wer sind denn die ganzen Leute?"
„Na, Herr Langnase, das sind doch die Kinder",
sagte ich. „Kennst du sie etwa noch nicht?"

„Oho, aha, und wie heißt du? Und du? Und du?" …

„Aha, ihr habt aber schöne Namen. Kann ich auch
so einen haben?"
Kinder, wie wollen wir Herrn Langnase nennen?
Wir nennen dich ab heute Herr … Langnase.
So heißt du nun für alle Leute.

Finger spielen …

Bewegen Sie Ihre Hand mit den beiden Bällen wie eine Handpuppe (siehe Foto), und begleiten Sie die erste Strophe nach Ihren Vorstellungen.

Die Kinder werden von Herrn Langnase einzeln nach ihrem Namen gefragt.

Die Kinder machen Vorschläge für einen Namen und einigen sich zusammen auf einen Namen.
Zum Beispiel: Benjamin Langnase.

Für die Sprachentwicklung:

Das **dialogische Sprechen** steht bei diesem Spiel im Vordergrund und bildet den Ausgangspunkt für ein **Gespräch**. Die beiden **Ausrufe** *oho* und *aha*, die wörtliche Rede sowie der freie Sprachrhythmus geben dem Vers den Anschein eines **Alltagsgesprächs** oder einer Geschichte. Sie können den Vers daher „erzählen" und dabei Ihren eigenen Sprachrhythmus finden. Lassen Sie sich Zeit, und nutzen Sie die Wirkung Ihrer ausgeprägten **Sprachmelodie**, um den Inhalt szenisch darzustellen.

Tipp:

Ein Stoffelefant oder ein anderes Stofftier mit langer Nase ist als Herr Langnase genauso geeignet. Sie können auch aus einem Blatt Papier einen Kreis ausschneiden, zwei Augen und einen Mund darauf malen, ein kleines Loch in die Mitte machen und Ihren Zeigefinger als Nase durchstecken. Diese Handverkleidung gelingt auch schon den Kindern, während die Tischtennisbälle nur Ihren Händen vorbehalten sind.

Fünf kleine Flatterfinger

RAUM UND RICHTUNGEN

Verse sprechen …

Fünf kleine Flatterfinger
fliegen in die Lüfte.

Sie schweben, sie sinken.
Sie springen hin und her.
Sie drehen sich ganz wild im Kreis.
Nun können sie nicht mehr.

Fünf kleine Flatterfinger
machen eine Pause.
Sie schließen ihre Flatterrunde
bis zur nächsten Zappelsause.

Finger spielen …

Die Finger einer Hand flattern.
Die Finger flattern weiter und erheben sich.

Die Hand noch etwas höher steigen lassen, dann wieder senken.
Langsam die Hand hin- und herführen.
Die Finger halten still, und die Hand dreht sich im Handgelenk.
Langsam langsamer werden.

Langsam noch etwas tiefer sinken.
Anhalten.
Die Flatterfinger kuscheln sich in die andere Hand.

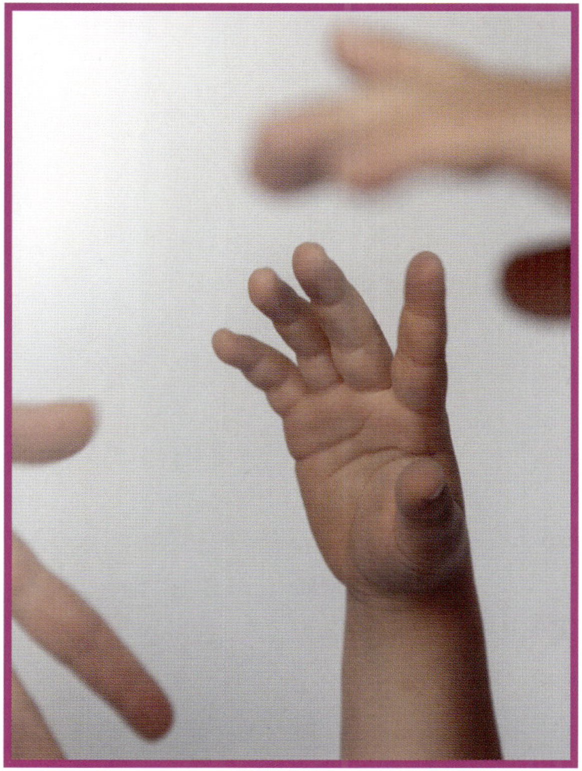

Für die Sprachentwicklung:

Durch die **Alliteration** mit *f* fördern Sie die phonologische Bewusstheit. Den **Artikulationsschwerpunkt** bilden der **Reibelaut *f* und die schwierige Lautverbindung *fl***.

Gut zu wissen:

Das **Tempo** und die **Intensität** passen Sie bitte dem **Entwicklungsstand** des Kindes an. Ein fünf Monate altes Kind kann den Fingern schwerer folgen als ein zweijähriges Kind. Diese haben dann wiederum großen Spaß am Tempo der Flatterfinger. Lassen Sie den **Vers** einfach mit dem Kind **mitwachsen**. Natürlich können aus fünf Fingern auch zehn Finger werden und später 15 oder 20.

Rum, bum, bum

PATSCHEN UND KLATSCHEN; TIERE

Verse sprechen …

Rum, bum, bum,
die Katze schleicht herum.

Rum, bum, bum,
ich frage mich warum?

Sie sucht ein warmes Plätzchen
fürs kleine Miezekätzchen.

Rum, bum, bum,
die Katze ist nicht dumm.

Finger spielen …

3x mit der rechten Faust auf die linke Handfläche schlagen.
Die ausgestreckten Zeigefinger umeinander kreisen lassen.

3x mit der linken Faust auf die rechte Handfläche schlagen.
Die ausgestreckten Zeigefinger umeinander kreisen lassen.

Mit der rechten Hand vorsichtig über die linke Faust (das Kätzchen) streichen.

3x mit der rechten Faust auf die linke Handfläche schlagen.
Die beiden ausgestreckten Zeigefinger umeinander kreisen lassen.

Für die Sprachentwicklung:

Die gezielte **Verbindung von Bewegung und Sprache** kommt in der ersten Zeile zum Tragen: Drei Faustschläge begleiten das **lautmalerische** *Rum, bum, bum* und stoßen so die Assoziation mit umhertapsenden Katzenpfoten an.

Gut zu wissen:

Handfläche und Faust zu wechseln, ist **koordinativ** schon recht **anspruchsvoll**. Anfangs kann auch auf den Tisch geschlagen werden, mal mit der einen und dann mit der anderen Hand.

Beim Ausprobieren mit den Kindern habe ich festgestellt, dass diesem Spiel noch eine weitere Aufmerksamkeit zukommt: Der **Wechsel zwischen derb und zart, laut und leise**. Den Kindern hat es große Freude bereitet, mit viel Kraft mit der Faust und dem Wort umzugehen, um dann mit hochgezogenen Augenbrauen und Schultern sehr liebevoll und leise zu agieren. Lassen Sie es also am Anfang richtig knallen, um dann das Kätzchen sanft zu streicheln. Je größer der Unterschied, desto besser.

Eine kleine Tippelmaus

PATSCHEN UND KLATSCHEN; TIERE; SEHR LEICHT

Verse sprechen …

Eine kleine Tippelmaus

tippelt in ihr Mäusehaus.

Tippelt wieder raus,

Applaus, Applaus, Applaus.

Finger spielen …

Mit beiden Zeigefingern auf eine Fläche trommeln, z. B. auf den Tisch, das Fensterbrett, die Knie, den Rücken des Kindes …

Begeistert in die Hände klatschen.

Eine kleine Tippelmaus

PATSCHEN UND KLATSCHEN; TIERE; SEHR LEICHT

Für die Sprachentwicklung:

Der **Artikulationsschwerpunkt** liegt auf den beiden schwierigen **Plosivlauten *t*** (Artikulationszone: Vorderzunge/Zähne) und ***p*** (Artikulationszone: Lippen). Der **regelmäßige Sprachrhythmus** und die **klare Reimstruktur** erleichtern die Konzentration auf diese Laute und fördern die **phonologische Bewusstheit**.

Gut zu wissen:

Ein Freudespiel! Sie können die Tippelmaus immer in andere „Häuser" tippeln lassen. Ob es diese nun wirklich gibt, ist dabei ganz egal. Fantasiehäuser lieben Tippelmäuse sehr.

Auf der Wiese steht 'ne Kuh

TIERE

Verse sprechen …	Finger spielen …
	Die Handflächen liegen aneinander.
Auf der Wiese steht 'ne Kuh,	Die Handflächen so öffnen, dass die Handwurzeln zusammen bleiben; so viermal im Sprachrhythmus klatschen.
macht die Augen auf und zu.	Die Hände sind die Augen. Der Daumen bildet die Unterseite und die anderen Finger das Augenlid. Viermal die „Augen" auf- und zumachen.
Will nur, will nur ihre Ruh'.	Die Handflächen so öffnen, dass die Handwurzeln zusammen bleiben; so viermal im Sprachrhythmus klatschen.
Muh, muh, muh.	Die Hände sind die Augen. Der Daumen bildet die Unterseite und die anderen Finger das Augenlid. Viermal die „Augen" auf- und zumachen.

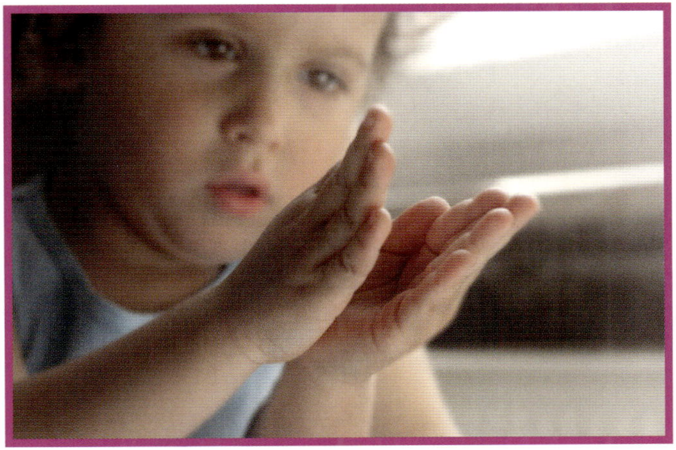

Variante:

Dieses Fingerspiel können Sie auch mit einem Kind zusammen machen: Legen Sie einfach Ihre Handflächen an die Handflächen des Kindes. Interessanter machen Sie den Vers, wenn Sie sehr leise und geheimnisvoll sprechen. Dabei können Sie Ihre Hände sehr nah an Ihrem Mund spielen lassen. So werden auch die Bewegungen kleiner und spannender. Ein sehr persönliches Spiel.

Für die Sprachentwicklung:

Der Artikulationsschwerpunkt ist hier ein **Vokal**, das *u*. Die einfache und **klare Reimstruktur** fördert die **phonologische Bewusstheit**, und der **Tierlaut** am Versende soll zum raschen **Mitsprechen** anregen.

Alle zusammen

SEHR LEICHT

Verse sprechen …

Der Dicke ist fröhlich.

Der Dünne ist klug.

Der Lange sieht alles.

Der Schöne hat Mut.

Hier noch der Kleine,
der hat flinke Beine.

Und alle zusammen
gefallen mir gut.

Finger spielen …

Zeigen Sie Ihren Daumen.

Der Zeigefinger kommt dazu.

Der Mittelfinger kommt dazu.

Der Ringfinger kommt dazu.

Der kleine Finger kommt dazu.

Alle zappeln.

Für die Sprachentwicklung:

Den **Artikulationsschwerpunkt** bilden in diesem Spiel die **Vokale**. Auf der Wort- und Bedeutungsebene richtet dieser Vers den Fokus auf die **Adjektive** *dick* und *dünn*, *lang* und *klein*. Dadurch, dass die Adjektive in diesem Vers nicht nur bestimmte Eigenschaften beschreiben, sondern auch als **Gegensatzpaar** auftreten und die Unterschiede direkt gegenüberstellen, prägen sich die Wörter für diese Unterschiede leichter ein.

Gut zu wissen:

Dieser Vers ist schon ein Spiel für die Allerkleinsten. Er gehört zu den Spielen, die ich gerne „Spiele für dich und mich" nenne. Man spielt ihn also eher zu zweit als in der Gruppe, die Stimme ist ruhig und leise, die Konzentration liegt völlig auf dem klaren Spiel der Finger. Daher eignet sich der Vers besonders zur **Beruhigung** oder zur **Ablenkung**.

Ein Igelchen

TIERE

Verse sprechen …	Finger spielen …
Ein Igelchen kommt leis' daher.	Mit beiden Zeigefingern auf einer Oberfläche kleine Trippelschritte andeuten.
Pieks, pieks, pieks, pieks.	Viermal im Wechsel mit den Zeigefingern in die Luft pieksen.
Sieht lustig aus, doch stachelt sehr.	Mit beiden Zeigefingern auf einer Oberfläche kleine Trippelschritte andeuten.
Pieks, pieks, pieks, pieks.	Viermal im Wechsel mit den Zeigefingern in die Luft pieksen.
Es sieht den Blätterhaufen,	Mit einer Hand einen Lichtschutz über den Augen bilden (Ausschau).
beginnt ganz schnell zu laufen.	Mit den Zeigefingern sehr schnell auf einer Oberfläche kleine Trippelschritte andeuten.
Es raschelt, raschelt, raschelt sehr.	Die Hände sich umeinander winden lassen wie ein sich bewegender, raschelnder Haufen.
Das Igelchen, man sieht's nicht mehr.	Die Hände hinter dem Rücken verstecken.

Für die Sprachentwicklung:

Die Gleichzeitigkeit des „spitzen" Wortes *pieks* und der spitzen Bewegung der Zeigefinger transportiert die Assoziation mit den Igelstacheln über das sprachliche Mittel der **Lautmalerei**. So festigen die Kinder ihr **Wortwissen** zu den Begriffen *Igel* und *spitz*. Der **Artikulationsschwerpunkt** liegt auf dem langen *i*.

Gut zu wissen:

Neben der kleinen Geschichte, die hier erzählt wird, haben die Hände auch eine Menge zu tun. Daher sehe ich dieses Spiel anfangs eher als **„Zuschau-Spiel"**. Vielleicht fangen die Kinder nur mit dem Pieksen an, später kommt das Trippeln dazu, und von Mal zu Mal erschließen sich die kleinen Hände etwas mehr die Bewegungen. Lassen Sie sich Zeit.

Ich schenk' dir ein Goldstück

SEHR LEICHT; KITZELN

Verse sprechen …

Ich schenk' dir ein Goldstück,
'nen Räuberdukaten.
Kauf einen Schuh,
den zweiten dazu,
ein Hütchen mit Puschel,
kuschel, kuschel, kuschel.

Finger spielen …

Nehmen Sie eine Hand des Kindes in Ihre Hand, drehen Sie die Kinderhandfläche nach oben. Patschen Sie mit Ihrer anderen Hand im Sprachrhythmus in die Kinderhandfläche.

Kitzeln Sie die Kinderhandfläche.

Variante:

Das Spiel funktioniert natürlich auch anders herum, indem das Kind klatscht. Mit ein bisschen Hilfe gelingt das sogar schon im richtigen Rhythmus. Kurz bevor Sie dann gekitzelt werden, verpassen Sie nicht, in das schon vorher freudig erregte Gesicht des Kindes zu schauen – ein Geschenk!

Für die Sprachentwicklung:

Das **phonologische Bewusstsein** für **unterschiedliche Vokallängen**, hier **langes *u*** und **kurzes *u***, bildet den Förderschwerpunkt in diesem Spiel.

Eine Miez

TIERE; SEHR LEICHT; KITZELN

Verse sprechen …

Eine Miez mit weichen Pfötchen,
einen Bello-Kuschelfell
und ein Häuschen
mit 'nem Mäuschen,

das flitzt raus,
ganz schnell, ganz schnell.

Finger spielen …

Nehmen Sie eine Hand des Kindes in Ihre Hand, drehen Sie die Kinderhandfläche nach oben. Tippen Sie mit den Fingerspitzen des Zeige- und Mittelfingers Ihrer anderen Hand im Sprachrhythmus in die Kinderhandfläche.

Zeige- und Mittelfinger kitzeln die Kinderhandfläche.

Eine Miez

TIERE; SEHR LEICHT; KITZELN

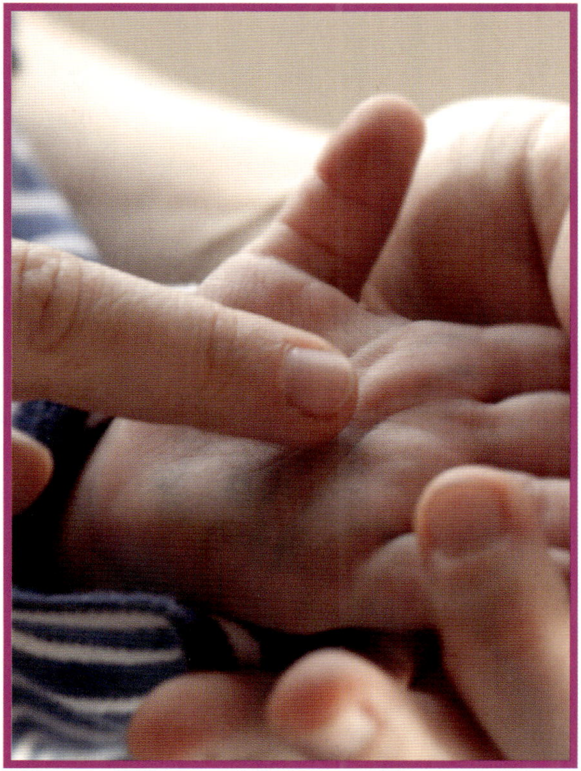

Für die Sprachentwicklung:

Der **Artikulationsschwerpunkt** liegt auf den **Zischlauten *s*, *z*, *ch*** und ***sch***.
Die Wörter *Miez* und *Bello* aktivieren im Kopf die Verbindung zu den Wörtern *Katze* und *Hund* und fördern damit die Erweiterung/Festigung des **Grundwortschatzes**. Welche **Geräusche** machen Miez und Bello? (Das Nachmachen der Tierlaute fördert die Artikulation der Sprachlaute.) Was fressen sie? ... Mit dieser Frage schaffen Sie einen **Gesprächsanlass**.

Variante:

Dieses Spiel funktioniert natürlich auch anders herum: Sie halten Ihre Handfläche hin, und das Kind tippt und kitzelt. Angelehnt ist dieses Spiel an den Fingervers „Hier hast 'nen Taler".

Hinkelchen und Henkelchen

Verse sprechen …

Hinkelchen und Henkelchen,
die konnten sich gut leiden.

Henkelchen und Hinkelchen,
die konnten aber auch streiten.

Sie zankten sich, sie zankten sich.

Doch soll ich euch was verraten?

Hinkelchen und Henkelchen
haben sich immer wieder vertragen.

Finger spielen …

Machen Sie zwei Fäuste. Strecken Sie die Zeigefinger, und beugen Sie diese wie zwei Henkel. Dann verstecken Sie die Henkel.

Zeigen Sie zuerst den linken Henkel und dann den rechten Henkel. Legen Sie dann beide Henkel ineinander, sodass sie sich verhaken.

Zeigen Sie den rechten Henkel und dann den linken. Verhaken Sie wieder beide Henkel.

Ziehen Sie die beiden viermal im Sprachrhythmus hin und her.

Lösen Sie die beiden Henkel, und verstecken Sie diese hinter Ihrem Rücken.

Zeigen Sie den linken Henkel und dann den rechten Henkel. Legen Sie beide Henkel ineinander, sodass sie sich verhaken.

Hinkelchen und Henkelchen

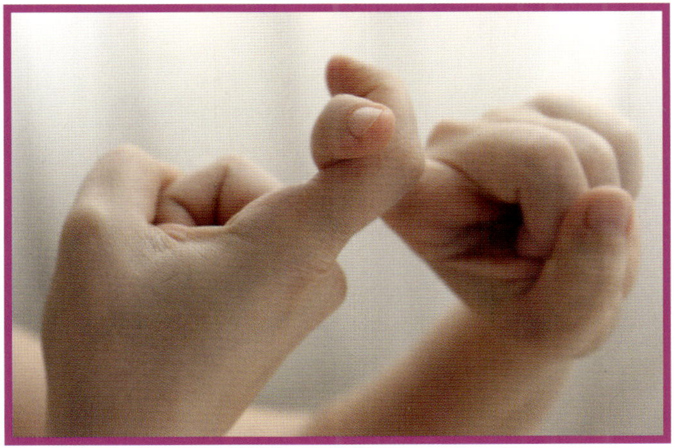

Gut zu wissen:

Dieses Spiel ist klar strukturiert und sendet eine klare Botschaft. Es gibt nichts hinzuzufügen: Streiten und sich wieder vertragen – das hat schon bei den Kleinsten eine große Bedeutung. Spielen Sie großes Theater – mit Ihrem Gesicht, Ihrer Stimme, dem ganzen Körper!

Für die Sprachentwicklung:

Der Artikulationsschwerpunkt liegt hier in der **schwierigen Lautverbindung *nk***, die in der Kombination am hinteren, weichen Gaumen gebildet wird.

Scherlein, Scherlein

RAUM UND RICHTUNGEN; AUCH MIT REQUISITE

Verse sprechen …	Finger spielen …
Scherlein, Scherlein, klein und flink, schnippelst, schnippelst ganz geschwind.	Zeige- und Mittelfinger bilden das Scherlein und schnippeln in der Luft.
Schnippelst hüben, schnipp, schnipp, schnapp,	Auf einer Seite schnippeln.
und hier drüben auch was ab.	Auf der anderen Seite schnippeln.
Schnippelst, schnippelst mit viel Fleiß in die Mitte einen Kreis.	Vor dem Körper einen imaginären Kreis schnippeln.

Für die Sprachentwicklung:

Die **schwierige Lautverbindung *schn*** bildet den Artikulationsschwerpunkt in diesem Spiel. Die **lautmalerischen Wörter** *schnipp* und *schnapp* unterstreichen die Bedeutung von *schneiden* auf lautlicher Ebene und sollen den Kindern helfen, die **Bedeutung** von *Schere* und *schneiden* zu verinnerlichen. Melodisch würde hier die Melodie des Kinderliedes „Schneemann, Schneemann, kalter Mann" passen.

Tipp:

Für dieses Spiel können Sie als Einführung eine richtige Schere als „Handpuppe" benutzen. Wenn Sie diese ansingen, beginnt sie zu schnippeln und folgt Ihren Anweisungen (hüben, drüben, Kreis). Das kann sie in der Luft tun oder mit einem größeren Stück Papier. Darauf kann man das Spiel mit den Fingern folgen lassen. Aber auch die Arme oder die Beine können die Schere bilden …

Nach Schwerpunkten auswählen …

Sprache	Spiele
Grundwortschatz	**Tiere:** Ich kenne einen Kugelfisch (10); Ein kleiner Wurm (16); Das kleine Krokodil (28); Kleine, dünne Ringelnatter (38); Zwei Häschen (40); Rum, bum, bum (52); Auf der Wiese steht 'ne Kuh (56); Ein Igelchen (60); Eine Miez (64) **Kleidung:** Ich kenne einen Kugelfisch (10); Ich schenk' dir ein Goldstück (62) **Mensch und Körper:** Der Fausthandschuh (18); Onkel und Tante (44); **Essen und Trinken:** Schieb den Kuchen (24); Am Tisch (30); Die Wurst (32); Pallepalle (20) **Natur:** Ein Sonnentag (34)
Artikulation	**Vokale:** Oooo und iiii (12); Am Tisch (30); Auf der Wiese steht 'ne Kuh (56); Alle zusammen (58) **k:** Ich kenne einen Kugelfisch (10); Guckguck! (36) **h:** Ich kenne einen Kugelfisch (10); Pallepalle (20) **z:** Zehn zuckersüße Zappelfinger (14); Kleine, dünne Ringelnatter (38); Eine Miez (64) **t:** Ein kleiner Wurm (16); Eine kleine Tippelmaus (54) **w:** Ein kleiner Wurm (16) **ich-Laut:** Der Fausthandschuh (18) **p:** Pallepalle (20); Eine kleine Tippelmaus (54) **l:** Pallepalle (20) **stimmloses s:** Ich bin Herr Mops (22); Eine Miez (64) **sch:** Scht, scht (26); Ich erzähle Quatsch! (46); Eine Miez (64); Scherlein, Scherlein (68) **d:** Dreh dich, dreh dich (42) **f:** Fünf kleine Flatterfinger (50)

Nach Schwerpunkten auswählen …

Sprache	Spiele
	Tierlaute: Kleine, dünne Ringelnatter (38); Auf der Wiese steht 'ne Kuh (56); Eine Miez (64) **Lautverbindungen:** Hinkelchen und Henkelchen (66); Scht, scht (26); Das kleine Krokodil (28); Am Tisch (30); Ich erzähle Quatsch! (46); Fünf kleine Flatterfinger (50); Rum, bum, bum (52); Scherlein, Scherlein (68)
Phonologische Bewusstheit	**Vokallängen:** Ich kenne einen Kugelfisch (10); Oooo und iiii (12); Ein Igelchen (60); Ich schenk' dir ein Goldstück (62) **z-Alliteration:** Zehn zuckersüße Zappelfinger (14) **f-Alliteration:** Fünf kleine Flatterfinger (50) **p-Alliteration:** Pallepalle (20) **Reime:** Scht, scht (26); Die Wurst (32); Zwei Häschen (40); Eine kleine Tippelmaus (54); Auf der Wiese steht 'ne Kuh (56)
Sprachrhythmus	**regelmäßig:** Die Wurst (32); Eine kleine Tippelmaus (54) **wechselhaft und bewegt:** Ein kleiner Wurm (16); Onkel und Tante (44) **Sprachtempo:** Ich bin Herr Mops (22); Pallepalle (20)
natürliche, lebendige Sprache	**Sprachmelodie und Stimme:** Ich bin Herr Mops (22); Zwei Häschen (40); Herr Langnase (48) **Ausrufe:** Oooo und iiii (12); Schieb den Kuchen (24); Herr Langnase (48) **In Erzählform/dialogisch mit wörtlicher Rede:** Zwei Häschen (40); Ich erzähle Quatsch! (46); Herr Langnase (48)

Verlag an der Ruhr

Postfach 10 22 51 • 45422 Mülheim an der Ruhr
Telefon 030/89 785 235 • Fax 030/89 785 578
bestellungen@cornelsen-schulverlage.de
www.verlagruhr.de

Es gelten die Preise auf unserer Internetseite.

Rituale-Lieder für die Kita

von Aufräumen bis Zähneputzen

bis 6 J., 560 S., 17x24 cm,
Paperback mit CD
ISBN 978-3-8346-0844-4
Best.-Nr. 60844
16,50 € (D)/17,– € (A)/27,90 CHF

Kribbelverse für Krabbelkinder

Spiel- und Bewegungsreime zum Wickeln, Essen, Trösten, Lachen

71 S., 16 x 23 cm, Spiralbindung, farbig
ISBN 978-3-8346-0635-8
Best.-Nr. 60635
15,50 € (D)/16,– € (A)/26,20 CHF

Guten Morgen, guten Morgen, wir winken uns zu!

Singezeilen für Babys und Krippenkinder

74 S., A5 quer, Spiralbindung, farbig,
mit Audio-CD
ISBN 978-3-8346-0604-4
Best.-Nr. 60604
16,80 € (D)/17,30 € (A)/28,40 CHF

Geschichtensäckchen

Materialien für 1- bis 4-jährige Kinder

97 S., A5 quer, Spiralbindung, farbig
ISBN 978-3-8346-0475-0
Best.-Nr. 60475
17,50 € (D)/18,– € (A)/29,60 CHF

Keiner darf zurückbleiben